CON GRIN SUS CONOCIMIENTOS VALEN MAS

- Publicamos su trabajo académico, tesis y tesina

- Su propio eBook y libro - en todos los comercios importantes del mundo

- Cada venta le sale rentable

Ahora suba en www.GRIN.com
y publique gratis

Bibliographic information published by the German National Library:

The German National Library lists this publication in the National Bibliography; detailed bibliographic data are available on the Internet at http://dnb.dnb.de .

This book is copyright material and must not be copied, reproduced, transferred, distributed, leased, licensed or publicly performed or used in any way except as specifically permitted in writing by the publishers, as allowed under the terms and conditions under which it was purchased or as strictly permitted by applicable copyright law. Any unauthorized distribution or use of this text may be a direct infringement of the author s and publisher s rights and those responsible may be liable in law accordingly.

Imprint:

Copyright © 2018 GRIN Verlag
Print and binding: Books on Demand GmbH, Norderstedt Germany
ISBN: 9783668681330

This book at GRIN:

https://www.grin.com/document/418871

Jorge Damian Mamani

¿Barreras o facilitadores de las trayectorias de alumnos con discapacidad?

GRIN Verlag

GRIN - Your knowledge has value

Since its foundation in 1998, GRIN has specialized in publishing academic texts by students, college teachers and other academics as e-book and printed book. The website www.grin.com is an ideal platform for presenting term papers, final papers, scientific essays, dissertations and specialist books.

Visit us on the internet:

http://www.grin.com/

http://www.facebook.com/grincom

http://www.twitter.com/grin_com

CUADERNOS Y CARPETAS ESCOLARES
¿Barreras o facilitadores de las trayectorias de alumnos con discapacidad?

"...El trabajo de un intelectual no consiste en decir a los demás lo que hay que hacer. Con voluntad política de los demás; estriba más bien en cuestionar a través de los análisis que lleva a cabo a través de terrenos que les son propios, las evidencias y los postulados, en sacudir los hábitos, las formas de actuar, en disipar las familiaridades admitidas..." (FOUCAULT; 1996: 9)

Introducción

En los ámbitos escolares una de las frases más escuchadas tal vez sea " ¡Y para el lunes todos con el cuaderno completo!!". El cuaderno, la carpeta u otro portafolios de tareas es sin duda en el sentido más común, la expresión del trabajo de los alumnos, en él se exhiben sus esfuerzos, su progresos y sus logros. Sin embargo a los fines de este ensayo resultaría indispensable un análisis detenido de su incidencia en los procesos de abordaje pedagógico de alumnos con discapacidad, entendiendo que esto permitiría reflexionar sobre el valor de estos dispositivos tan naturalizados en las prácticas escolares a los fines de observar como estos pueden influir como un facilitador de la enseñanza y el aprendizaje; Como una barrera para la trayectoría y para las oportunidades de construir modos alternativos de conocimiento en contextos escolares que se piensan como inclusivos.

Registros y versiones oficiales de la escolaridad.

Históricamente las producciones escritas sean cuadernos o carpetas, han sido fuente de una infinidad de representaciones respecto de las posibilidades de desarrollo del proyecto escolar de los alumnos. Es así que cuando estos dejaban entrever errores, tareas sin terminar, correcciones en rojo, espacios en blanco u hojas sueltas, resultaban ser indicios de que el alumno no estaba apropiándose de las enseñanzas del maestro o profesor. O por el contrario la pulcritud del mismo, una organización secuenciada y un correcto decoro en los subrayados, eran reveladoras de un adecuado tránsito escolar. En este sentido se podría afirmar que el aunque el foco de análisis debiera detenerse no solo en su condición de objeto, sino más bien en su valoración en pos del aprendizaje de los alumnos, debiendo por tanto incursionar en procesos de reflexión sobre la lógica interna de un cuaderno (o carpeta) en relación a las presiones sociales que caen sobre él, frente a la lógica del proceso real de aprendizaje y de las formas en la quedan plasmados los objetos del conocimiento enseñado. Silvina Gvirtz y Mariano Palamidessi (1998) señalan que el cuaderno es "un dispositivo que se fue constituyendo en un momento determinado para solucionar diversos problemas y que, luego, se estabilizó como un elemento 'natural' y evidente de la práctica escolar".

En un comienzo del análisis se focalizará en los distintos significantes o representaciones simbólicas que la tradición pedagógica le ha otorgado históricamente a los dispositivos mencionados, como medios de registro y de expresión de los aprendizajes, como también como un medio de control social y lógicamente como un elemento de gran valor didáctico.

En las instituciones educativas lo registrado en los cuadernos o carpetas tienen un gran valor como un elemento de control, aún muchos directivos y docentes sostienen que estos muestran el trabajo diario y todo lo que los alumnos aprenden, estimando que altos cuadernos y las carpetas que se dicen "completos" son indicadores de mejores apropiaciones de lo enseñado. En el campo que nos toca, este pensamiento lleva muchas veces a que los profesores de educación especial y de la educación común se preocupen excesivamente por priorizar en los procesos de acompañamiento y apoyo, el desarrollo cuidadoso de estas producciones, convalidando su valor como un documento "oficial y público". En amparo de ellos, es también conveniente decir que estos cuadernos (o carpetas) muchas veces son vehículos no solo de las presiones familiares como medidas de acreditación de aprendizajes, sino también mandatos institucionales, considerándolas medidas de avance del conocimiento curricular planificado. Es así que un directivo o un supervisor en sus acciones de monitoreo, solicita en sus observaciones estos documentos como relevantes evidencias del proceso escolar en desarrollo. No es posible a los fines de este análisis, el destacar que estas valoraciones tienen sus fundamentos de origen en una perspectiva positivista que pone énfasis en los resultados observables, en detrimento muchas veces de los tránsitos del proceso escolar de los alumnos. En esta misma línea de razonamiento la exigencia de un cuaderno completo, revela el requerimiento de una monocronía que hacen que la "completud" de los registros y de las producciones por igual para todos, evidencie solo la versión escolar formalizada, no la diversidad de trayectorias, ni la multiplicidad de formas de construir aprendizajes. Está claro que en el sentido atribuido tradicionalmente al cuaderno (o carpeta) éstos tienen un lugar de productos legitimados históricamente por los proyectos escolares y que no necesariamente puede reflejar en profundidad del recorrido de las trayectorias escolares.

Ésta perspectiva en un alumnos con discapacidad solo permitiría estimar que tan atrasados o adecuados se encuentran el alumno respecto de la media oficial, "en el cuaderno escolar no hay cabida para la indagación inteligente, para el razonamiento creador, para las respuestas que se desvían de la norma" (Ferreiro, 1984).

Un proceso de acompañamiento y apoyo de alumnos con discapacidad puede toparse con barreras relacionadas a tradiciones áulicas e institucionales, que son ajenas al valor constructivo del conocimiento y que se han naturalizado en las versiones de escolaridad arraigadas. Situados en este marco resultaría de gran importancia que como profesores de educación especial al encontrarnos con un cuaderno o una carpeta de un estudiante, analizáramos no solos los aspectos en el orden de los contenidos expuestos en relación a la sincronía del avance curricular o de nivel de grupo, sino también debiéramos considerar en qué medida el mismo representa a un alumno ideal o a un alumno real como verdadero autor de ese producto.

La incidencia didáctica de los cuadernos (o carpetas): ¿cómo registros del aprendizaje o de enseñanza?

Resulta conveniente subrayar en relación a los procesos de enseñanza y aprendizaje que los cuadernos como documentos escolares producidos por los alumnos, actúan como reguladores del proceso didáctico en los cuales va quedando plasmado de manera correlativa el contenido desarrollado junto al tiempo legal que va transcurriendo dentro del aula. Un tiempo legal que muchas veces no considera la diversidad de ritmos de aprendizaje, lógicamente no obstante su análisis puede decirnos mucho de las propuestas de los docentes, de la necesidad de ajustes de las actividades y de las metodologías, del sentido de las evaluaciones, de la valoración de los errores e inclusive del respeto por la singularidad del alumno con discapacidad.

Cuando un docente enseña transforma el objeto de conocimiento científico en una serie de conocimientos que utilizará luego en su planificación curricular, para llevarlo luego a situaciones didácticas más concretas y gran significado en la dinámica del proceso. Sin embargo al momento de plasmarla o querer dejar registrada la clase en los cuadernos (o carpetas), el conocimiento enseñado sufre una fragmentación poco representativa del proceso construido y, que muchas veces incluso es validada con las correcciones de los propios docentes. Según Quintero (2007) "Los cuadernos reflejan los contenidos enseñados, como también la creatividad, los silencios, las iniciativas, las representaciones de los estudiantes con sus notas al margen y al final; se convierten hoy en la categoría por excelencia de los saberes y las disciplinas escolares."

Por otra parte se recurre a un sistema de representaciones que por lo general coinciden con esquemas tradicionales sin ningún tipo de desafíos cognitivo, ni diversificación de las presentaciones de los conceptos en los propios alumnos. Pongamos por caso, todos resuelven los mismos ejercicios todos resuelve las mismas situaciones problemáticas todos realizan el mismo experimento, dibujan sobre el mismo hecho histórico, etc. Entonces el objeto de conocimiento aparece como congelado en los trayectos escolares sin reflejar el dinamismo ni la enseñanza. "Los cuadernos uniformados, iguales todos , el mismo tipo de escritura, el dibujo geométrico hecho con un patrón o con regla, pintado como con calco (…)son como "botones de uniformes", carecen de identidad y conspiran contra elementales principios pedagógicos que se apoyan en la expresión espontánea y en la originalidad infantil" (Cossettini O.2001. El lenguaje y la lectura en primer grado, en obras completas)

Si se considera la diversidad de estilos de aprendizaje de los alumnos y sus diferentes formas de representación del conocimiento, el reproducir en las carpetas actividades de una manera generalizada no siempre puede ser un indicador de la apropiación significativa de lo enseñado. Es así que en más de una ocasión se encuentran carpetas modelos, muy bien cuidadas y completas (a veces por los mismos padres) con alumnos autores que no pueden significar adecuadamente lo aprendido. Lamentablemente en el caso de los alumnos con discapacidad intelectual dentro del nivel secundario el cuaderno suele ser a veces el "menos propio", ya que se completa en ocasiones con las fotocopias que pega el profesor de educación especial o de las copias que realizan a veces los propios padres (en más de una oportunidad éstas no guardan relación con los aprendizajes necesarios en el alumno). Es común ver que estos alumnos no son muy asiduos de mostrar sus producciones escritas en la casa o a otras personas ya que a veces estás no reflejan lo que realmente sabe, sino por el contrario dejan entrever la dificultad con la que deben enfrentarse. Distinto es el caso de aquellos alumnos que si se reflejan positivamente con sus producciones y suelen manifestar orgullosos sus producciones en la búsqueda del reconocimiento de sus logros. Las carpetas o los cuadernos devuelven al alumno una imagen de sí mismo, tanto aquellas cosas con las que se siente gratificado del aprendizaje, como aquellas cosas con las cuales se puede sentir frustrado.

En todos los casos lo realizado por el alumno con discapacidad en sus producciones, constituye un valioso instrumento de indagación para el abordaje y el acompañamiento pedagógico, debiendo ser capaz el docente de educación especial de identificar por un lado aquellas características formales delimitadas por el docente a cargo del grupo, tales como si los cuaderno o carpetas deben ser cuadriculados o rayados, si deben tener un determinado tamaño, si en estos deben escribirse con lápiz o con lapicera, desde un determinado formato u otro. Respecto de las tareas en sí mismo, sería conveniente prestar atención a algunas categorías propuestas por Caride 2008 considerando el conjunto de las producciones y la posible interpretación que realiza el alumno como productor de esos registros. Pudiendo considerar por un lado un nivel gráfico en el cual podremos atender a la claridad de las expresiones escritas, a los tipos de trazo, a la escritura, pudiendo mirar aquí también el tipo de correcciones que realizan los docentes y el valor del error en las propuestas de enseñanza. Otro aspecto que reviste mayor importancia a los fines del abordaje, es el nivel de transferencia de los aprendizaje a la carpeta o cuaderno, cuáles fueron las propuestas enseñanza? la indagación sobre su nivel de comprensión?; Lo registrado como una fotografía de las propuestas de la docente pudiendo indagar además las concepciones teóricas que sostiene esa práctica, tratando de identificar en el proceso fortalezas y debilidades. "Todo concepto esta cargado de experiencia y toda experiencia está leída desde alguna teoría, desde alguna concepción..." Rockwell "La escuela lugar del trabajo docente"

Como valoran los padres los cuadernos de sus hijos?

"Los padres hojean el cuaderno, analizan las anotaciones del docente, preguntan por las correcciones, interpelan a su hijo en relación a lo que el cuaderno ofrece y, en conclusión, interpretan un texto que parece operar sobre una retórica más o menos conocida, nacida al calor de la cultura escolar de la que gran parte de la sociedad es o ha sido parte, y en la que puede reconocerse." Patricia Fernández. Revista 12. Izotopia. Instituto de Formación Docente N° 12 - Neuquén

En razón de lo expuesto, pongamos por caso a los padres de alumnos con discapacidad, que obtienen conformidad respecto del proceso escolar de sus hijos a partir de ver la carpeta "completa" o abultada, en ocasiones con muy poca preocupación respecto de lo que el alumno aprende significativamente o deja de aprender en concreto. Para muchos padres parecería implicar, que tener un buen cuaderno es igual a ser un buen alumno, con lo cual no es menor el analizar también el significado emocional que se entreteje entre la valoración que los mismos realizan y lo que significan sus hijos como productores de esos de esos documentos escolares.

Por el contrario en el afán del respeto a la inclusión escolar, estos mismos cuadernos funcionan en otros casos como medios de control, donde los padres evalúan el grado de consideración y del respeto de las necesidades de enseñanza de sus hijos(as), siendo habitual que a partir de observar los cuadernos de la escuela, estos intensifiquen sus exigencias respecto de una adecuada atención docente para con sus hijos(as), tornándose críticos en relación al rol docente, observando si los mismos dan tarea o no, si es demasiadas o es poca, si las consignas son claras o si se corrigen, sí el deber es excesivo o escaso. En la relación padres-docentes el cuaderno de clases debe ser considerado un elemento alto valor "comunicador", que no siempre resulta de una fácil lectura, más aún si solo se realizan interpretaciones en función de lo visible a simple vista.

Reflexión final

Los motivos que suscitaron el presente ensayo merecen unos párrafos en estas líneas concluyentes de este ensayo:

"Laura, estudiante de 3° año de una escuela de educación secundaria de la localidad de Perico, provincia de Jujuy pugnaba en el mes de diciembre del 2014 por la aprobación final de la materia Educación Cívica. Tras pasar por un proceso de continuas ajustes y desajustes de su tarea escolar, dado que su presencia demandaba en su abordaje una serie de adaptaciones de la enseñanza, las cuales en más de una ocasión no se cumplían o devenían de grandes disputas por el respeto de la singularidad de su aprender.

Absurdamente la última nota de evaluación obligatoria para promediar su nota final, la definía la nota por carpeta completa. Tan inflexible resultaba la exigencia del profesor a cargo de la materia, que la carpeta fue diseñada casi en su totalidad por la madre de la alumna y por los mismos docentes de educación especial que le brindaban acompañamiento y apoyo con tal de alcanzar la aprobación. Inadmisiblemente este requerimiento, lindaba con lo irrespetuoso y lo discriminativo, Laurita como le decíamos, sobrellevaba una cuadriplejia grave, con lo cual sus carpetas no podía ser en ninguna circunstancia considerado un elemento de evidencia de aprendizaje ya que ella no era su autora, tal vez dudosamente en otros estudiantes si, en Laura no. El respeto por la inclusión en la escuela secundaria se impulsaba en estos años como un derecho, pero se otorgaba todavía como un favor. Laura terminó su quinto año en el año 2017. Escuela de Comercio N°1.Perico.Jujuy"

Como afirman muchos autores el cuaderno no es un elemento neutro, tampoco registra solamente el aprendizaje de los alumnos, ni plasma fehacientemente el proceso de la enseñanza. Razonarlo en esto términos no sería más que un análisis meramente superficial con poca incidencia en los procesos de abordaje pedagógico de los estudiantes con discapacidad. Como lo afirma Rockwell, (1980) "las tradiciones escolares de la práctica docente (uso del cuaderno, dictado, etc.) juegan un papel fundamental en la adopción y modificación de las innovaciones curriculares propuestas"

En los cuadernos y carpetas tal vez se registre una versión escolar legitimada, constituyéndolos dispositivos sumamente valiosos para el análisis y la reflexión de su función.

(…) "el cuaderno comenzó a reflejar además de la voz del alumno, la del maestro o la maestra que, a través de sus correcciones y recomendaciones deja un rastro indeleble de sus preocupaciones pedagógicas y de sus recursos didácticos, y de la relación entre estos y la biografía escolar del estudiante." (Colotta 2009).

Reflexionar sobre lo expuesto nos pondrá en frente de la posibilidad de desnaturalizar su valor y hasta su existencia, ya que en muchos trayectos diversificados de los alumnos con discapacidad no siempre estos existen como tal o reflejan las adquisiciones de sus autores. Esta suposición sin reflexión, dejaría de lado la diversidad de trayectorias escolares posibles en una verdadera escuela para todos.

Bibliografía

- CARIDE GÓMEZ, J.A. y Caballo Villar, M.ª B. (2003) De los tiempos sociales a los tiempos educativos Implicaciones de la jornada escolar (única/partida) en el ocio infantil.
- COLOTTA, Pablo (2009) "El cuaderno escolar ¡Muy Bien 10 Felicitado!", en Revista El Monitor, N° 20.
- COSSETTINI, Olga. Obras completas /Santa Fe : Ediciones AMSAFE, 2001
- DEVALLE, A. Y PERELMAN, F. (1988), "El cuaderno de clase y su autor" en Revista Lectura y Vida, Año 9, N° 3, pág. 28-36.
- FERREIRO, E. (1998), Alfabetización. Teoría y Práctica, México, Siglo Veintiuno.
- FOUCAULT, M: Hermenéutica del sujeto Editorial Altamira. 1997.
- GVIRTZ, S. (1998) "Análisis del cuaderno como texto. Primera Parte", en
- MARTÍN, B. y RAMOS, I. (2015). La historia contada en los cuadernos escolares. Salamanca: Los libros de la catarata.
- QUINTERO Martha Elena (2007) Investigación de los Saberes Pedagógicos Extraída desde:http://www.mineducacion.gov.co/1621/articles208800_archivo_pdf_libro2.pdf
- REVISTA 12. IZOTOPIA. Art. De Patricia Fernández . Instituto de Formación Docente N° 12 – Neuquén
- REVISTA NOVEDADES EDUCATIVAS. Buenos Aires-México, Año 10, N° 96.
- ROCKWELL Elsie, MERCADO Ruth. La escuela, lugar del trabajo docente: descripciones y debates Cuadernos de educación / DIE, Instituto Politécnico Nacional (México). Departamento de Investigaciones Educativas. Centro de Investigación y de Estudios Avanzados del Instituto Politécnico Nacional, 1989

CON GRIN SUS CONOCIMIENTOS VALEN MAS

- Publicamos su trabajo académico, tesis y tesina

- Su propio eBook y libro - en todos los comercios importantes del mundo

- Cada venta le sale rentable

Ahora suba en www.GRIN.com
y publique gratis